DU TITRE

DE

ROI DE NAVARRE

RÉUNI AU

TITRE DE ROI DE FRANCE,

SUIVI D'UNE NOTICE

SUR LES ERREURS COMMISES PAR NOS HISTORIENS

AU SUJET DU TRAITÉ DE 1317,

Par E.-J. CHOUSSY.

MOULINS

IMPRIMERIE DE C. DESROSIERS.

1882

DU TITRE

DE

ROI DE NAVARRE

RÉUNI AU

TITRE DE ROI DE FRANCE;

SUIVI D'UNE NOTICE

SUR LES ERREURS COMMISES PAR NOS HISTORIENS

AU SUJET DU TRAITÉ DE 1317;

PAR **E.-J. CHOUSSY.**

MOULINS

IMPRIMERIE DE C. DESROSIERS.

1882

DU

TITRE DE ROI DE NAVARRE

RÉUNI AU

TITRE DE ROI DE FRANCE ;

SUIVI D'UNE NOTICE

SUR LES ERREURS COMMISES PAR NOS HISTORIENS

AU SUJET DU TRAITÉ DE 1317.

Quel fut le premier de nos rois qui eut le droit certain et irrévocable d'ajouter à son titre de Roi de France le titre de Roi de Navarre? Tel est le sujet de la dissertation que j'ai l'honneur de soumettre à vos lumières.

En 1285, Philippe IV (dit le Bel), qui n'était encore que prince du sang, avait été fiancé à Jeanne, fille unique et seule héritière de Henri Ier, roi de Navarre. Au décès de ses parents, elle apportait ainsi à son royal époux non-seulement la Navarre, qui s'étendait alors des deux côtés des Pyrénées, mais encore les comtés de Champagne et de Brie : et le roi s'empressait de réunir les deux couronnes, non point sous un seul nom, mais en conservant à chacune d'elles le nom qui lui était propre ; et il se fit appeler roi de France et de Navarre.

Mais Philippe-le-Bel se trouvait-il par ce seul fait propriétaire irrévocable de la couronne de Navarre? Assurément non : 1° si Philippe-le-Bel était mort sans enfants, les droits de sa veuve retournaient à sa famille, et les héritiers du roi de France perdaient le droit de porter la couronne de Navarre ; 2° en acceptant la Navarre telle que la lui avait apportée Jeanne, il acceptait tacitement toutes les lois, toutes les coutumes inhérentes à ce royaume. Or, jusqu'à cette époque, la loi salique n'avait nullement pénétré en Espagne, et les filles étaient reconnues aptes à monter sur le trône de leurs ancêtres : donc, si Philippe en mourant ne laissait qu'une fille, cette fille, qui, d'après nos lois (présumées) n'avait aucun droit au trône de France, recouvrait au contraire de plein droit le royaume de Navarre, qui lui revenait du côté de sa mère. On sait, en effet, qu'à cette époque tout domaine incorporé à la couronne pouvait en être détaché, car les coutumes et les lois du royaume étaient restées les mêmes depuis Louis VII : Eléonore, sa femme, lui avait donné en dot la Guyenne et plusieurs provinces du Midi ; mais, plus tard, par suite de son divorce avec lui et d'un nouveau mariage avec le roi d'Angleterre, elle apporta à ce dernier ce magnifique héritage au détriment de la grandeur de la France (1).

Philippe le-Bel n'était donc roi de Navarre qu'à titre transitoire et temporaire, et par conséquent dans l'impossibilité de le léguer à tout jamais à ses successeurs.

Reportons nos souvenirs à la mort de ce prince, pour étudier attentivement les différentes phases qu'a eu à subir en si peu de temps ce tout petit royaume, qui suscita dans l'avenir des guerres si longues et si cruelles entre la France et l'Espagne, à raison de certains droits plus ou moins bien définis, mais à coup sûr toujours interprétés au point de vue de l'ambition des divers compétiteurs.

Philippe-le-Bel, dans les dernières années de sa vie, avait conçu une pensée gigantesque pour la période de nos annales que nous étudions en ce moment. Frappé des inconvénients qui résultaient pour la France des

(1) Voir *Preuves des droits de Jeanne*, p. 11.

morcellements de territoire qui se succédaient sans cesse au décès de chaque roi, il décida par son testament que les apanages donnés aux frères du nouveau roi reviendraient à la couronne à défaut d'*hoirs masles*, et que les sœurs n'auraient que des dots en rapport avec leur haute position.

Ce prince laissa trois fils et une fille. Ses trois fils étaient Louis, Philippe et Charles.

Louis X (dit le Hutin), fils aîné de Philippe-le-Bel, hérita tout naturellement du royaume de France que lui laissait son père, et du royaume de Navarre qui lui appartenait du chef de sa mère. Le voilà roi de France et de Navarre. Mais a-t-il les mêmes droits sur le royaume de Navarre que sur le royaume de France ? — Pas davantage que n'en possédait son père. Cette nouvelle couronne était loin, en effet, de faire partie intégrante et à tout jamais du royaume de France, comme la couronne de France elle-même, car si les fils de Philippe-le-Bel (et Louis X en était un) étaient morts sans postérité, la couronne de Navarre retournait aux héritiers de la femme de Philippe-le-Bel.

Trois ans plus tard, Louis X meurt à son tour, ne laissant qu'une fille, nommée Jeanne, issue d'un premier mariage ; mais Clémence, sa seconde femme, était enceinte. Les droits à la couronne de France se trouvent suspendus jusqu'à l'accouchement, et une assemblée, désignée sous le nom de Parlement et composée des plus hauts personnages de l'époque, décida que si Clémence mettait au jour un fils, le frère du roi Louis X, Philippe, comte de Poitiers, en deviendrait le tuteur, mais que si elle accouchait d'une fille, Philippe serait reconnu roi. Quelques mois après, elle donna naissance à un fils (Jean Ier) qui mourut au bout de huit jours.

Nous voici en présence d'un nouveau roi (1317). Le comte de Poitiers se transforme en Philippe V, que les historiens désignent plus communément sous le nom de Philippe-le-Long. Va-t-il ceindre la couronne de France avec la même facilité que ses prédécesseurs ? Les événements nous attestent le contraire. Il se fit tout aussitôt, il est vrai, sacrer roi ; mais quelle différence avec toutes les cérémonies imposantes déployées par ses ancêtres dans de telles circonstances ! Autrefois, toute la cour, tous les évèques, tous les grands vassaux, tous les hauts barons, tout ce qui était grand en un mot au royaume de France accourait à Reims, et cet immense concours de tous les hauts et puissants seigneurs du jour rehaussait l'éclat, déjà si majestueux par lui-même, de la prise de possession de la couronne royale de France. Mais, en ce jour, qu'avons-nous à constater ? — Tout d'abord, l'absence du frère même du roi qui, venu la veille, se hâte de repartir avant la cérémonie ! Et plusieurs pairs venus comme lui refusent d'entrer dans la cathédrale ! Pourquoi ? On sentait qu'il se passait quelque chose d'étrange, et que nul observateur n'avait été à même de constater depuis le couronnement de Hugues Capet. Reims était traité par Philippe comme une ville conquise. Des soldats entourent ses murailles de toutes parts ; ses portes d'entrée sont fermées et gardées militairement : la force et la contrainte semblent régner de toutes parts. Aussi, les deux oncles du roi, présents à la cérémonie, ne peuvent-ils s'empêcher de manifester leur étonnement en présence de tels procédés. Mais, spectacle plus étrange encore ! au moment le plus solennel du sacre, l'archevêque de Reims est sommé par le puissant duc de Bourgogne de ne point passer outre ; et, qui plus est, il lui enjoint de protester solennellement, au nom et en faveur de la fille de Louis X, contre la violation de ses droits légitimes à la couronne de France méconnus et foulés aux pieds par un usurpateur.

On sait que Philippe, ne tenant aucun compte des

menaces du duc de Bourgogne, donna ordre de conti-
nuer la cérémonie, et se fit sacrer roi de France.

Mais quel était donc ce puissant rival, objet de terreur
pour Philippe V ? C'était une petite fillette de six ans à
peine, mais soutenue par Charles de la Marche, frère
du roi, par le comte de Valois, oncle du roi, par
le comte d'Évreux, oncle du roi (les *royaux* de
France, comme on les appelait alors), par Agnès, sa
grand'mère, fille de saint Louis, par Eudes IV, duc de
Bourgogne, dont la puissance égalait celle d'un roi.
Tous, sans être personnellement ennemis de Philippe V,
se demandaient avec étonnement comment il avait l'au-
dace de s'emparer d'une couronne au détriment du
légitime successeur de Louis X, Jeanne, sa fille, issue de
son premier mariage avec Marguerite. De part et d'autre,
on était peut-être de bonne foi. Depuis Hugues Capet,
on se trouvait pour la première fois en présence d'une
situation nouvelle. Jamais, en effet, cette question de la
succession des femmes au trône de France ne s'était agitée
à partir des Capétiens ; et cette loi salique, si informe et
si obscure, était toujours restée à l'état de lettre morte,
non-seulement sans force et sans vigueur, mais sans
qu'il eut été possible de trouver une seule occasion de
la mettre au grand jour. Les esprits étaient d'autant
plus frappés de cette situation anormale que dans pres-
que tous les États de l'Europe les femmes succédaient à
la couronne : la France, seule peut-être, allait se trouver
heurter de front toutes les constitutions des pays qui
l'environnaient.

Nous n'hésitons, point de nos jours, à applaudir à la
conduite de Philippe V, mais si nous eussions vécu à
cette époque éloignée, qui sait si, imbus des mœurs du
temps, nous n'aurions pas été portés à soupçonner chez
le roi quelques mobiles nés de l'ambition et de la vaine
gloire, plutôt que de nobles sentiments dictés par une

haute vue politique? Et, d'autre part, Philippe n'avait-il pas en sa faveur la sentence du Parlement lui-même, qui avait décidé que si Clémence accouchait d'une fille, la couronne ornerait la tête du frère du dernier roi? Si un doute terrible planait alors de toutes parts et oppressait les esprits des grands et la conscience du peuple, il n'en est pas moins vrai qu'il se dégage de ce chaos involontaire un fait incontestable, qu'il soit le produit de l'ambition ou d'une politique habile : c'est que Philippe rendit à la France un immense service en convoquant, aussitôt après son retour de Reims, une nombreuse réunion composée de prélats, de seigneurs et de bourgeois qui, depuis peu de temps, formait les États-Généraux, et qui déclara définitivement, d'après l'adhésion motivée de l'Université, les femmes inhabiles à succéder à la couronne de France. Dès lors, tous les droits de Philippe reconnus avant le sacre par le Parlement, se trouvèrent solennellement confirmés après le sacre par l'assemblée des États-Généraux : il est donc parfaitement permis de croire à sa sincérité et à sa bonne foi. Mais ne pouvait-il pas se demander à son tour si les mêmes sentiments de droiture et de loyauté animaient tous ses antagonistes ? Leur conduite était-elle à l'abri de tout soupçon ? N'espéraient-ils pas soutirer au roi quelques nouveaux droits, ou quelques nouveaux honneurs à leur profit ? On pourrait être tenté de le croire par la suite de cet exposé en voyant la facilité avec laquelle ils se prêtèrent tour à tour à des accommodements peu édifiants entre Philippe et sa jeune rivale.

En revenant de Reims la couronne sur la tête, et par suite de l'approbation solennelle des États, Philippe V se trouva-t-il enfin non seulement en droit de porter le titre de Roi de France et de Navarre, mais encore de le léguer à ses successeurs ? — Oui, si l'on admet que le droit nouvellement reconnu par la loi salique s'étendait

jusqu'à la personne de Jeanne, héritière de la Navarre ;
— non, si une assemblée sans mandat et réunie pour
la circonstance avait imposé la volonté de Philippe plutôt que la sienne et avait nié et rejeté le droit de la
succession des filles, droit vivement soutenu par tous les
membres de la famille royale elle-même, c'est-à-dire
les *royaux* de France, la fille de saint Louis et le duc
de Bourgogne.

Mais, si ce n'est pas ce roi, qui donc réunira sans
aucune contestation de part et d'autre toutes les conditions requises, et dont le droit sera reconnu par un
consentement unanime (*omnium consensu*), certain et
absolu dans toute sa plénitude ?

Nous allons faire cet examen en quelques mots, en
commençant à jeter un rapide coup-d'œil sur les apanages
et les fiefs à cette époque ; et pour ne point encombrer
notre narration de faits qui pourraient être sujet à contestation, — et Dieu sait s'ils sont nombreux à une époque
où l'on travaille souvent au milieu d'épaisses ténèbres
et de contradictions bizarres, — nous nous attacherons,
pour les besoins de notre cause, à ne citer que les faits
reconnus et acceptés comme vrais par tous les historiens :
et nous les trouvons unanimes pour distinguer trois
périodes sous les rois de la troisième race : 1° de Hugues-
Capet à Louis VIII, les fils des rois reçoivent des apanages en toute propriété et sans aucune condition ; 2° de
Louis VIII à Philippe-le-Bel, nos rois exigent que les
apanages fassent retour à la couronne à défaut d'*héritier*
sans distinction de mâle et de femelle. On lit dans le
testament de Louis VIII : *Revertatur ad successorem nos-
trum Franciæ regem si idem Philippus decesserit sine*
HEREDE. (1) » 3° A partir de Philippe-le-Bel les domaines
apanagés ne sont donnés qu'à la charge de retour à la

(1) Collection Liber, t. VII, p. 482.

couronne à défaut d'*hoirs masles*. Toutefois, pour remédier vis-à-vis des filles à cette nouvelle voie politique, qui paraissait une injustice criante à l'époque, les filles du dernier apanagé mâle devaient être dotées par le souverain selon l'importance de la succession et la haute position de leur père.

Nous nous trouvons, à l'avénement de Philippe-le-Long, dans cette dernière période : — domaines apanagés donnés à charge de retour. — Mais que l'on veuille bien remarquer qu'il n'y avait que trois ans à peine que Philippe-le Bel, par son testament, ou plutôt par un simple codicille, avait créé ces immenses changements dans la succession au trône; et cette innovation ne laissait pas que de répandre une vague inquiétude dans les esprits de tous ceux qui approchaient de près le trône des rois : elle n'avait point la certitude d'être adoptée sans contestations, et, de plus, elle était loin d'être consacrée par ce temps immémorial qui scelle un fait accompli par des services réels ou par tout un long passé de gloire. Aussi le même point noir restait-il toujours fixe à l'horizon : c'était la revendication de la petite Jeanne, non-seulement au trône de France, qui pouvait être encore douteuse pour plusieurs, mais sa revendication au trône de Navarre, qui était d'une évidence absolue aux yeux de tous et dont la clarté même était tellement éblouissante aux regards de Philippe lui-même, que pour faire évanouir ce cauchemar, une politique — ténébreuse peut-être dans le cœur du roi, — mais à coup sûr des plus habiles pour la grandeur du royaume, vint dissiper tous les nuages, concilier toutes les ambitions et sauvegarder en apparence tous les droits. Philippe V s'adresse à chacun des mécontents et propose, à titre de transaction, une réconciliation générale basée sur des mariages. Il promet sa fille au fils du duc de Bourgogne avec cent mille livres de dot. Pour dédommager Jeanne des droits incertains qu'elle pouvait avoir sur les deux couronnes de France et de Navarre, on lui donna immédiatement en apanage (mais en violant ouvertement les lois de succession nouvellement créées par Philippe-le-Bel, tant avaient peu de fixité les lois à cette époque et tant était par conséquent naturel ce peu de confiance que les esprits, ainsi que nous le disions plus haut, étaient en droit d'accorder à toute innovation!), on lui donna le comté d'Angoulême, plus cinquante mille livres tournois destinées à acquérir des pairies et baronnies en France ; et Philippe promit que s'il mourait sans descendants mâles, les comtés de Champagne et de Brie reviendraient également à sa nièce Jeanne, fille de Louis X. Et voilà, soit dit en passant, l'exemple d'obéissance que le fils donnait aux lois d'apanages édictées par le père ! Tels sont les lots attribués à un puissant ennemi et à une rivale à redouter : une province et de l'argent à celle-ci, et sa fille à celui-là. Et pour les autres mécontents à calmer, de quels moyens va-t-il se servir à leur égard ? Philippe-le-Long, pour apaiser l'indignation du comte d'Evreux, offrit à son fils aîné la jeune fille, Jeanne, sa nièce, ainsi parée et dotée. Il ne restait plus au roi qu'à rentrer dans les bonnes grâces du comte de la Marche, son frère ; mais, dans tous les pays et dans tous les temps, on n'éprouva jamais aucune difficulté à enfoncer une porte qui s'ouvre d'elle-même. Par suite de la mort toute récente du fils de Philippe V et de l'ordonnance de ce même roi qui excluait les filles du trône, Charles de la Marche était devenu l'héritier présomptif de la couronne ; il avait donc tout intérêt à ne pas démembrer ce qui paraissait destiné à se trouver un jour en sa possession.

Maintenant, que va recevoir en compensation le successeur de Louis X? — Les oncles, le tuteur et la grand'mère de Jeanne cédèrent « à toujours, » dit le texte, « à Philippe et à ses successeurs, rois de France, » au nom de leur nièce, pupille et petite-fille, tous les droits qu'elle avait et pouvait avoir de quelque nature que ce soit, succession ou autrement, aux trônes de France et de Navarre.

Et nul au monde ne saurait contester juridiquement la validité d'un tel acte, fût-il même préjudiciable aux intérêts de Jeanne, car la loi est la loi : *Dura lex, sed lex.* Et comment, au surplus, admettre que des oncles, un tuteur, une grand'mère puissent être unanimes à spolier leur nièce, pupille et petite-fille ?

Or, d'une part, comme d'après la volonté de Philippe-le-Bel, les filles de France n'avaient droit qu'à des dots en argent, comme d'après la décision des États-Généraux les filles ne pouvaient succéder à la couronne ; — d'autre part, comme Jeanne, représentée par ses oncles, son tuteur et sa grand'mère, avait consenti à la cession de la Navarre, Philippe V avait donc irrévocablement réuni les deux couronnes, et les avait rivées l'une et l'autre d'une manière indissoluble au glorieux trône de France.

Pour conserver intactes des conventions d'une telle importance et qui réglaient le sort des deux couronnes, un acte authentique, passé en présence des hautes parties contractantes ou de leurs représentants, fut rédigé à Paris le 27 mars 1317, et scellé du sceau royal (1).

---

(1) Le document historique, qui fait partie de notre collection d'autographes, est ainsi décrit par M. Charavay, archiviste-paléographe-expert, de Paris : « PHILIPPE V, dit LE LONG. — Lettres sur vélin double in-folio. Pâris, 27 mars 1317. Pièce historique. C'est le traité conclu entre Philippe-le-Long et sa nièce Jeanne, fille de Louis-le-Hutin, etc..... »

PREUVES

DE LA LÉGITIMITÉ DES DROITS DE JEANNE
A LA COURONNE DE NAVARRE.

Tous les historiens, tant anciens que modernes, n'ont jamais douté un seul instant de la légitimité des droits de Jeanne à la couronne de Navarre, et nul, en effet, ne saurait en contester l'évidence, quand le plus intéressé dans la question, Philippe V lui-même, lorsqu'il n'était encore que régent, avait, dans un premier traité passé entre lui et le tuteur de Jeanne, inséré la clause suivante : « Si Clémence accouchait d'une fille, cette fille et Jeanne, fille aînée de Louis X, auraient en héritage le royaume de Navarre avec les comtés de Champagne et de Brie, dont Philippe aurait le gouvernement et recevrait les hommages jusqu'à ce qu'elles fussent en âge d'être mariées. »

Qu'en pense M. DARESTE, dont le talent est apprécié par tous ? Avant le sacre de Philippe V, Eudes avait obtenu des garanties dans l'intérêt de sa nièce Jeanne, « pour le gouvernement de Navarre et des comtés de Champagne et de Brie *dont elle héritait sans contestation.* » (t. II, p. 383.)

Plus tard, Philippe VI fit de nouveau renoncer Jeanne à la couronne de France et à la Champagne..... et lui rendit la Navarre..... où la succession féminine admise de tout temps *n'était pas contestable.* » (t. II, p. 401.)

MICHELET n'hésite pas, à la mort de Louis-le-Hutin, d'écrire les lignes suivantes : « Philippe se fait roi *au préjudice* d'une fille de son frère. »

Un de nos grands historiens, M. HENRI MARTIN, s'exprime ainsi : « ... La comtesse d'Evreux rentrait dans tous ses droits... et Philippe VI lui *restitua* la Navarre. » (t. V, p. 2.)

M. DE BONNECHOSE : « Philippe d'Évreux, troisième candidat au trône, obtint du roi le royaume de Navarre, auquel sa femme avait *des droits légitimes* par son aïeule. » (t. Ier, p. 247.)

ANQUETIL : « A elle (Jeanne), *par conséquent appartenait la couronne de Navarre* et le comté de Champagne *dont le père avait hérité de Jeanne*, femme de Philippe-le-Bel, grand'mère de la petite Jeanne. » (t. III, p. 98.)

SISMONDI exprime la même idée, en la plaçant dans la bouche des *Royaux* de France : « Mais ils n'étaient point prêts non plus à déclarer que les femmes n'avaient aucun droit au trône de France, *et moins encore à celui de Navarre*. » (t. VI, p. 350.) Et il formule plus loin la même pensée, en cherchant à comprendre « sous quel prétexte Philippe V et Charles IV avaient pu conserver la possession de la Navarre. »

VELLY : « Ainsi suivant les lois d'Espagne où les filles succédaient au trône, suivant le droit public de France où les grands fiefs passaient aux femmes, la Navarre, la Champagne et la Brie *appartenaient incontestablement* à la comtesse d'Évreux, Jeanne de France, comme fille et unique héritière et l'aînée de la reine de France. » (t. IV, p. 386.) « En l'absence d'une Constitution régulière, *le droit était évidemment* en faveur de la fille de Louis X. »

LAVALLÉE, comme Sismondi, développe sa pensée par l'organe d'une tierce personne, Froissart . « Afin de faire taire l'héritière légitime, au dire de beaucoup de gens, » il conclut avec Jeanne un traité, par lequel il lui rendit le royaume de Navarre, conservé *indûment* par ses prédécesseurs. » (t. Ier, p. 409.)

En nous plaçant au point de vue de cet historien : si ses prédécesseurs avaient conservé la Navarre indûment, il fallait donc qu'à ses yeux Jeanne fut héritière légitimement.

Daniel : « Louis-le-Hutin laissa en mourant Jeanne dé France, sa fille unique, à qui la couronne de Navarré comme tombant en quenouille *appartenait de droit...* » (t. V, p. 283.)

Et si nous remontons à des sources plus éloignées, les *Annales de Belleforet* nous apprenent : « que le roy Phelipe, après son advénement à la couronne, *restitua* le royaume de Navarre à messire Phelipe, fils de Loys, comte d'Évreux, qui lui devait appartenir *à cause de Madame Jeanne, sa femme*, fille du feu roi Louis Hutin. » (P. 198.)

Dans les anciennes *Chroniques de Flandre*, on lit : « En en (Louis X) étoit demourée une moult belle-fille nommée Jehanne, laquelle fut depuis royne de Navarre *de par son père* et fust donnée à femme à messire Phelipe, fils messire Loys de France. » (Dom Bouquet, t. XXII, page 401.)

Terminons enfin par les *Grandes chroniques de Saint-Denis* : « Phelipe *restitua* ledit royaume de Navarre à Loys, comte d'Évreux, *pour la cause de sa femme*, Jehanne, fille de Louis-Hutin. » (t. V, p. 308.)

NOTE relative à la Loi salique.

Nous avons parlé de la loi salique, que l'on considère avec raison comme le monument le plus ancien de notre jurisprudence et comme la base de notre édifice social ; mais combien on se ferait une fausse idée de cette loi si l'on s'imaginait voir un code régulier, exactement déterminé dans son mode d'existence et d'une authenticité incontestable dans toutes ses parties : Cette loi a été constamment invoquée chez nous pour exclure les femmes du trône, et cependant le texte sur lequel on s'est appuyé dans des circonstances aussi graves, n'existe même pas dans cette loi, ou n'est que de pure fiction.

Voici la disposition de ce fameux article 62 § IV, *de Alode*, qui a donné lieu à la vieille maxime que « le sceptre ne peut tomber en quenouille » : *De terrà verò salicâ nulla portio hereditatis muliebri veniat ; sed ad virilem sexum terræ hereditas perveniat.* » Traduction mot pour mot : « Or, nulle hérédité sur une terre salique ne vient à la femme ; mais toute l'hérédité de la terre revient au sexe mâle. » Ainsi on voit qu'il n'y est nullement fait mention du roi, de l'État, ni de la succession au trône ; et, qui plus est, ce passage ne forme pas un chapitre séparé et vient à la suite d'un chapitre qui ne traite que des successions entre particuliers. Et l'on est encore à se demander, avec étonnement, comment il a pu se trouver un homme assez hardi pour oser, le premier, transformer un vulgaire article de code civil et rural en une loi dynastique.

EXTRAIT des clauses principales du traité de 1317.

« PHILIPPE, par la grâce de Dieu, roi de France et de
« Navarre, à tous ceux que ces présentes verront, salut.
« Savoir faisons que grace diligent et deliberation eux
« entre nous d'une part et notre cher et féal cousin
« Eudes duc de Bourgogne en nom de notre chère tante
« Agnès fille du saint roi Loys mère dudit duc et de notre
« chère nièce et nièce dudit duc Jehanne fille le roi Loys
« notre cher frère et de Marguerite sa première fame
« sœur dudit duc et fille de la dite Agnès... Et le dit duc
« pour soi de tout ce qu'il promet et octroie ci-dessous
« d'autre part pour le bien de pais ensemble à nos grands
« amis et conseils avons fait les convenances et lacort
« qui s'ensuit...

« Premièrement nous donnons à notre dite niecce
« quinze mille livrées de terre à tournois à asseoir et
« assigner pour li et pour ses hoirs à value de terre et

« aura notre ditte niecce pous raison de la dite assiette le
« contée d'Angolesme et la cité et la ville d'icelle avec
« les autres choses aussi come nous les tenons pour rai-
« son de la contée espécialement Bouteville Coignac
« Merpuis Touvre Tressignac Aubertye et Villeroy et
« leurs appartenances soient de la ditte contée ou non
« et le remanant qui seroit à acomplir de la assiette
  des dites quinze mille livrées de terre li ferons asseoir
« et assigner en nos domaines et fiez que nous avons en
« la senechaucie de Xainthonge et se illeuc ne se pou-
« voit complir ce qui en défauldrait ou chatel ou cha-
« tellenie de Mortaing en la baillie de Constentin et au
« plus près dileuc Et seront prisées les dites choses et
« la justice dicelles aveuc à value de terres par bonnes
« personnes... raisonnablement et convenablement.....
« *Item*. Donnons à notre dite niecce cinquante mil livres
« tournois pour acheter et convertir en achat de terres
« pour être propre héritage de li et de ses hoirs qui
« isiront de son propre corps, et sera cette terre acquise
« dedans le royaume de France sans paier à nous rachat
« ni quint denier.. -Et avons accorde et octroié que les
« dites quinze mil livrées de terre et ce qui sera acheté
« des dites cinquante mil livres tournois en nos fiez
« seront assises assignées et bailliées en parrie et baron-
« nie, la noblesse de parrie et baronnie non mises à prix...
« *Item*. Nous avons accordé que se nous mouriens sans
« hoirs masles de notre corps ou se nous aviens hoir
« masle et il mouroit sans hoir masle de son propre
« corps et il ne y ust autre hoir masle qui fust descendu
« de nous ou de notre fils masle, les contées de Cham-
« pagne et de Brie appartendront à notre ditte niecce,
« comme son propre héritage excepté les choses que
« nous y aviens et notre frère de la Marche y a pour
« cause de lapanage ou provision de leschacce de notre
» mère. Sauve au dit duc de Bourgogne et à ses hoirs

« ducs de Bourgogne les fiéez que li appartendront es
« dites contées au cas que notre ditte niecce mourroit
« sans hoir de son propre corps et au cas dudit retour
« les dites quinze mil livrées de terre et la terre qui
« seroit achatée des dites cinquante mil livres tournois
« retourneroient au royaume. Et en cest meme cas elle
« tenroit les dites contées de Champagne et de Brie en
« parrie et baronnie si noblement comme autrefois y ont
« esté teneus. Et parmi les choses dessus dites le devant
« dit duc en nom de nos dites tante et niecce et pour elle
« tout le droit et toute laccion que a notre ditte niecce
« tant pour cause de succession ou de convenances
« comme pour toutes autres causes quelles que elles
« soient pourroit appartenir es royaumes de France et de
« Navarre et es dites contées excepté le retour au cas
« dessus dit en icelles contées, nous quitte et délaisse
« desorendroit à toujours mais pour nous et pour nos
« successeurs rois de France. *Item.* etc., etc..... (nom-
« breuses clauses se terminant par) Et nous promettons
« pour nous et nos successeurs rois de France à garantir
« les choses dessus dites et chacune d'icelles, Nous pour
« nous et pour nos successeurs rois de France promet-
« tons et avons fait jurer en lame de nous (1) et li diz duc
« pour li et pour ses successeurs a promis et juré aux
« sainctes Evangiles, à tenir garder et acomplir et non
« venir encontre en tant comme chacun de nous la par-
« dessus promis et octroié et que se aucun venoit encon-
« tre Nous ne le dit duc ne le seriens aidans en riens...
« En tesmoing desquelles choses notre avons fait mettre
« notre scel en ces presentes. Donné à Paris le xvıı^e jour
« du mois de mars lan de grace mil trois cent et dix sept. »

(1) Par respect pour le pouvoir royal et à raison d'une confiance absolue dans la parole d'un roi, une simple promesse
de sa part remplaçait le serment.

NOTICE SUR LES ERREURS

(Nous ne citons que les plus connus).

M. Dareste, un des plus éminents historiens, que je
vais me permettre de critiquer, a écrit (t. II, p. 389) :
« Le duc de Bourgogne finit par abandonner les pré-
tentions de sa nièce : il renonça même pour elle, non-
seulement au trône de France, mais aux comtés de
Champagne et de Brie, moyennant deux conditions :
une dotation en argent qui fut assurée à la princesse, et
un projet de mariage pour lui-même, car Philippe lui
promit l'aînée de ses filles. »

La vérité impartiale de l'histoire m'oblige à être loin
de partager l'avis de M. Dareste, sur plusieurs points :
1º L'acte dit nettement que Jeanne renonça aux royaumes
de France *et de Navarre*, et non point seulement au
royaume de France.

2º D'un autre côté, Philippe V ne renonça point aux
comtés de Champagne et de Brie, mais il lui donna le
comté d'Angoulême, jusqu'à concurrence de 15,000
livrées de terre ; et s'il ne les contenait pas on ajouterait
des terres à prendre dans la sénéchaussée de Saintonges,
dans le baillage de Constantin, plus cinquante mille
livres tournois pour convertir en terres dans le royaume
de France.

3º Cette donation en argent, dont parle M. Dareste,
devait être au contraire convertie en terres de pairies
et baronnies.

4º Quant aux duchés de Champagne et de Brie,
Philippe V, bien loin de les lui donner, ne fit que lui

promettre qu'elle les aurait « en son propre héritage »
dans le cas seulement où il ne laisserait point de descendance mâle ; de même, si sa nièce mourait sans hoir de
son propre corps, toutes les donations ci-dessus retour-
neraient à ses successeurs rois de France.

M. Dareste, dit encore (t. II, p. 401) : « Plus tard,
Philippe V fit de nouveau renoncer Jeanne à la couronne de France et à la Champagne, et il lui rendit la
Navarre, dont les deux rois précédents avaient conservé
l'administration. »

C'est encore une erreur, car le traité dit positivement
que Jeanne cédait à Philippe V tous ses droits aux
royaumes de France et de Navarre, mais que les rois de
France auraient jusqu'à sa majorité l'administration du
royaume de Navarre.

ANQUETIL nous dit que Eudes, comme tuteur de
Jeanne, cédait à Philippe V « les plus beaux droits de
sa pupille, savoir : le royaume de Navarre avec les
comtés de Champagne et de Brie, qui devaient cependant revenir à la princesse si le roi mourait sans postérité masculine (t. III, p. 98.) « Cette phrase nous paraît
amphibologique ; et l'historien est dans une erreur complète s'il pense que le royaume de Navarre devait revenir au roi si Jeanne mourait sans postérité *masculine* ;
mais il est à coup sûr dans l'erreur pour les deux comtés
quand il parle de postérité *masculine*, car l'acte porte :
si Jehanne meurt *sans hoir*, c'est-à-dire *sans héritier*
n'importe le sexe (tandis que pour Philippe, comme
on l'a vu plus haut, il est stipulé que les comtés revien-
dront à Jeanne si le roi mourait sans descendance *mâle*,
Puis il ajoute : « En dédommagement de ses Etats,
Eudes accepta, au nom de sa nièce, des *rentes* à prendre
sur les comtés d'Angoulême et de Mortain. » Loin d'être
des rentes, l'acte dit formellement que Jeanne reçut le

comté d'Angoulême, comme nous l'avons déjà expliqué,
plus 50 000 livres..... plus des droits éventuels.

Anquetil confondrait-il en ce moment ce qui fut con-
venu plus tard avec Philippe VI et non par Philippe V ?
Mais alors, outre des rentes, elle reçut le royaume de
Navarre.

De Sismondi, d'une érudition incontestable, ne com-
met-il pas une erreur analogue quand il dit : « Les deux
rois précédents (Philippe V et Charles IV) avaient cependant retenu la possession de la Navarre aussi bien que
celle de la Champagne et de la Brie qui devaient former
l'héritage de Jeanne, peut-être sous *le prétexte de sa
minorité?* » — Mais, non ; ce n'est point sous le prétexte
de sa minorité, c'est en vertu même du texte du traité
du 27 mars 1317, qui énonce que Jeanne avait cédé tous
ses droits au royaume de Navarre, plus ses droits (sauf
retour éventuel) sur les comtés de Champagne et de
Brie, c'est à dire si Philippe mourait sans hoirs mâles de
lui ou de ses enfants ou de ses petits-enfants ; et ce n'est
certes pas un diplomate de nos jours qui écrirait cette
phrase, d'une clarté peut-être beaucoup trop éblouissante, je veux dire fatigante : « *Item.* Nous avons accordé
« que se nous mouriens sans hoirs masles de notre corps
« ou se nous aviens hoir masle et il mouroit sans hoir
« masle de son propre corps et il ne y ust autre hoir
« masle, qui fust descendue de nous ou de notre
« fils masle, les contées de Champagne et de Brie appar-
« tendront à notre ditte niecce comme son propre héri-
« tage. »

Daniel « historien de valeur et remarquable par sa
méthode et sa clarté » (l'éloge n'est point suspect : il
vient de Larousse), Daniel ne paraît pas se douter qu'il
y eut un traité passé en 1317 : « Le roy, pour gagner le
duc de Bourgogne dont il appréhendait les intrigues, lui

fit épouser Jeanne de France, sa fille aînée, à laquelle il donna en dot le comté de Bourgogne..... il n'y eut rien de changé à l'égard de la Navarre, dont le roy garda la régence jusqu'à la majorité de Jeanne, sa nièce ; et même il prit dans la suite le titre de roy de Navarre avec celui de roy de France, sans qu'il paraisse que le duc de Bourgogne s'y soit opposé. »... « Au reste, ajoute-t-il plus loin, ces deux princes, Philippe V et Charles IV, prirent le titre de roy de Navarre sans conséquence, et ne donnant en le prenant aucun soupçon qu'ils voulussent retenir ce royaume. » (t. V, p. 236-283.)

Autant de phrases, autant d'erreurs ! « Il n'y eut rien de changé à l'égard de la Navarre », dit il ; — mais, au contraire, tout fut changé. Philippe, en 1316, reconnaît que la Navarre est la propriété de Jeanne, et, en 1317, c'est lui qui en est propriétaire « désorendroit et à toujours. »

Il ajoute qu'ils étaient rois de Navarre sans conséquence et sans penser à retenir le royaume. — Ils pensaient si bien le conserver, que le traité de 1317 porte que ce royaume sera toujours à lui Philippe et à ses successeurs, rois de France.

Le duc de Bourgogne, continue-t-il, ne paraît pas s'être étonné de ce titre de roi de Navarre que prit le roi de France. — C'était assez naturel de la part du duc de Bourgogne de ne point manifester d'étonnement, puisque c'est lui-même qui était l'un des auteurs du traité proclamant les rois de France propriétaires à tout jamais du royaume de Navarre.

Lavallée parle de la reddition du « royaume de Navarre conservé indûment par les deux prédécesseurs de Philippe VI. » — D'après le traité, ils étaient loin de le posséder indûment puisqu'ils en étaient devenus légitimes propriétaires « désorendroit et à toujours » eux et leurs successeurs, rois de France.

Nous ne pousserons pas plus loin la nomenclature des historiens qui sont tombés dans cette erreur, tant ils sont nombreux ; toutefois, nous ne pouvons passer sous silence un des plus illustres d'entre eux, M. HENRI MARTIN, membre de l'Académie française, car nous savons par expérience qu'il n'hésite pas à rectifier les erreurs qu'on lui fait connaître (1). Nous sommes donc fort étonné de lire dans son Histoire la phrase suivante : « Eudes, trafiquant honteusement du droit de sa nièce... renonça au nom de Jeanne à tous droits, non-seulement sur le royaume de France, mais sur la Navarre, la Champagne et la Brie. Cinq mille livres une fois payées et cinquante mille sous parisis de rente étaient le seul dédommagement octroyé à Jeanne, qu'on maria au fils du comte d'Évreux... » (t. IV, p. 535.) Ce ne peut être, de la part d'un historien aussi érudit, qu'une erreur matérielle, une note mal copiée ou une feuille intercalée par hasard. On sait que par cet acte du 27 mars 1317, Jeanne eut en échange de ses droits au royaume de France et de Navarre : 1º Le comté d'Angoulême....... 2º cinquante mille livres tournois pour acquérir des pairies et baronnies en France ; 3º des droits éventuels sur la Champagne et sur la Brie.....

(1) Comme tous les historiens, M. Henri Martin avait fait régner ensemble Louis III et Carloman. Au sujet d'une brochure publiée par nous et tendant à prouver que ce règne n'avait jamais été commun et simultané, nous avons eu l'approbation complète de toutes nos illustrations historiques : Guizot, Michelet, de Barante, A. Thierry, etc., et M. Martin, à la 5me lettre, me faisait l'honneur de m'assurer qu'il se « rangeait sous mon drapeau. » Plus tard, M. le Ministre de l'Instruction publique, sur le rapport du Comité des travaux historiques, souscrivait à 200 exemplaires de cette brochure dans le but de divulguer le plus possible la rectification d'une erreur qui s'était accréditée jusqu'à ce jour.

MOULINS. — IMPRIMERIE DE C. DESROSIERS